Bibliografische Information der Deutschen Nationalbibliothek:

Die Deutsche Bibliothek verzeichnet diese Publikation in der Deutschen National-
bibliografie; detaillierte bibliografische Daten sind im Internet über http://dnb.d-
nb.de/ abrufbar.

Impressum:

Copyright © 2007 GRIN Verlag, Open Publishing GmbH
Druck und Bindung: Books on Demand GmbH, Norderstedt Germany
ISBN: 978-3-668-13504-8

Dieses Buch bei GRIN:

http://www.grin.com/de/e-book/135590/judo-stoffverteilungsplan-judo-9-12-klasse

Nicole Fürch

Judo. Stoffverteilungsplan Judo 9.-12. Klasse

GRIN Verlag

GRIN - Your knowledge has value

Der GRIN Verlag publiziert seit 1998 wissenschaftliche Arbeiten von Studenten, Hochschullehrern und anderen Akademikern als eBook und gedrucktes Buch. Die Verlagswebsite www.grin.com ist die ideale Plattform zur Veröffentlichung von Hausarbeiten, Abschlussarbeiten, wissenschaftlichen Aufsätzen, Dissertationen und Fachbüchern.

Besuchen Sie uns im Internet:

http://www.grin.com/

http://www.facebook.com/grincom

http://www.twitter.com/grin_com

Otto-von-Guericke Universität Magdeburg

Fakultät für Geistes-, Sozial- und Erziehungswissenschaften

Institut für Sportwissenschaft

Seminar: Judo Vertiefung

Stoffverteilungsplan für den Judounterricht 9.-12. Klasse

1 Stundenentwurf

Gliederung

1. Einleitung

1882 gründete Jigoro Kano eine Schule namens Kodokan ("Ort zum Studium des Weges") im Stadtteil Shitaya in Tokio. Er nannte seine Kampfsportart Judo - "der sanfte Weg", die zum einem eine Art der Leibesertüchtigung und zum anderen eine Philosophie zur Persönlichkeitsentwicklung ist. Beim Judo befreite er die alten Ju-Jutsu-Stile von gefährlichen Elementen. Stöße, Schläge, Tritte und viele Hebeltechniken, insbesondere die Kleingelenkhebel, wurden ersatzlos gestrichen oder in die Kata integriert. Die verbleibenden Techniken ermöglichten einen sportlichen Zweikampf, ohne dass größere Verletzungen zu befürchten waren. Zwei philosophische Grundprinzipien liegen dem Judo im Wesentlichen zugrunde:

1. Das gegenseitige Helfen und Verstehen zum beiderseitigen Fortschritt und Wohlergehen (*jita-kyoei*).
2. Der bestmögliche Einsatz von Körper und Geist (*sei-ryoku-zenyo*).

Ziel ist es, diese Prinzipien als eine Haltung in sich zu tragen und auf der Judomatte (Tatami) bewusst in jeder Bewegung zum Ausdruck zu bringen.

In Sachsen-Anhalt kann Judo ab der 5. Klasse in jeder folgenden Klassenstufe unterrichtet werden.

Ziel dieser Arbeit ist es mit Hilfe der Rahmenrichtlinien von Sachsen-Anhalt einen Stoffverteilungsplan von der 9. Klasse bis zur 12. Klasse in einem Umfang von 10 Stunden zu erstellen. Dabei gliedert sich die Arbeit in drei Punkte, zum einen in den Stoffverteilungsplan von der 9. Klasse bis zur 12. Klasse, in einen Stundenentwurf und zum anderen in ein Wörterbuch für judospezifische Fachbegriffe. Der Stoffverteilungsplan untergliedert sich in die Lernziele, die für alle 10 Stunden zusammengefasst werden, und in die Inhalte der einzelnen Stunden. Da Judo nicht in jeder Klassenstufe verpflichtend unterrichtet werden muss, sind Wiederholungen in den Inhalten der Stunden nicht unumgänglich. Der Stundenentwurf bezieht sich auf eine Lehrstunde, die in der 9. Klasse gehalten werden kann. Den Abschluss der Arbeit bildet ein judospezifisches Wörterbuch mit allen technischen Fertigkeiten und Fachbegriffen, da die Schüler am Ende ihrer Ausbildung in der Lage sein sollten, die Fachbegriffe dieser Sportart zu kennen.

2. Stoffverteilungsplan 9. Klasse

Lernziele 9. Klasse

Motorisch

➢ Verbesserte Kraftfähigkeiten

➢ Kinästhetische Differenzierungsfähigkeit

➢ Verbessertes Rhythmisierungsgefühl

➢ Verbesserte Antizipation

➢ Kopplungsfähigkeit

➢ Körperkontrolle

Kognitiv

➢ Wurftechniken in Kampfsituationen anwenden

➢ Erlernte Techniken benennen (Technikmerkmale und Fachbegriffe)

➢ Wettkampfbestimmungen kennen

➢ Taktische Grundsätze kennen

➢ Bewegungsvorstellung entwickeln

Sozial

➢ Verantwortungsbewusst Judo betreiben „Judo ist die sanfte Kunst der Kampfsportarten"

➢ Faires, kameradschaftliches Verhalten; es gibt keine Gegner, sondern Partner

➢ Gegenseitige Hilfeleistung beim Erlernen und in Problemsituationen

Inhalte der Stunden

1.Stunde

➢ Kleine Spiele zur Vorbereitung auf nachfolgende Judotechniken

  Hahnenkampf, Gürtelkampf

2. Stunde

➢ Wiederholung der Fallschule mit methodischer Reihe

I. Judorolle beidseitig

II. Fallschulschule rückwärts

III. Fallschule seitwärts rechts und links

3. Stunde

➢ Wiederholung der Grundlagen der Bodenarbeit

I. aktive und passive Verteidigungspositionen

II. Ober- und Unterlage

III. Fortbewegungsformen

➢ Wiederholung der Festhaltetechniken

I. Kuzure-kesa-gatame

II. Shiho-gatame

III. Kesa-gatame

IV. Kami-shiho-gatame

V. Yoko-shiho-gatame

VI. Befreiung aus Festhaltetechniken

4. Stunde

➢ Wiederholung der Grundlagen der Standarbeit

I. Einnehmen der Kampfstellung (Shiztentai) und der Verteidigungsposition (Jigotai)

II. Fassarten

III. Gehen und Bewegen auf Matte (beibehalten der Kampfstellung und dynamisches Gleichgewicht)

IV. Fallübungen

➢ Wiederholung der Wurftechniken

I. O-soto-otoshi (Großer Innensichel)

II. O-goshi (Großer Hüftwurf)

III. De-ashi-barei (Fußfegen)

IV. Seoi-otoshi

5. Stunde

➢ Einführung der neuen Festhaltetechnik

Tate-shiho-gatame (Haltegriff im Reitsitz)

➤ Befreiung aus der Festhaltetechnik

➤ Kombination von Festhaltetechniken mit verschiedenen Varianten

6. Stunde

➤ Einführung der Wurftechniken

    I. Koshi-guruma

    II. Harai-goshi

➤ Erlernen unterschiedlicher Bewegungsformen der Wurftechniken

7. Stunde

➤ Übergang von Stand- zu Bodentechniken

    I. Erlernen des Ko-uchi-gari (Kleiner Innensichel)

    II. Erlernen des O-uchi-gari (Großer Innensichel)

8. Stunde

➤ Wiederholung der neu gelernten Techniken

9. Stunde

➤ Zusammenfassung der bisher erlernten Techniken in Form eines Partnerkampfes

➤ Hinweise zu Taktiken und Wettkampfbestimmungen

10. Stunde

➤ Leistungskontrolle unter Wettkampfbedingungen

3. Stoffverteilungsplan 10. Klasse

Lernziele 10. Klasse

Motorisch

➢ Verbesserte Kraftfähigkeiten

➢ Kinästhetische Differenzierungsfähigkeit

➢ Verbessertes Rhythmisierungsgefühl

➢ Verbesserte Antizipation

➢ Kopplungsfähigkeit

➢ Verbesserte Reaktionsfähigkeit bei Kampfbedingungen

➢ Körperkontrolle

Kognitiv

➢ Wurftechniken in Kampfsituationen variabel anwenden

➢ Erlernte Techniken benennen (Technikmerkmale und Fachbegriffe) und in Wettkampfsituation einsetzen

➢ Wettkampfbestimmungen kennen

➢ Taktische Grundsätze kennen

➢ Bewegungsvorstellung entwickeln

Sozial

➢ Verantwortungsbewusst Judo betreiben „Judo ist die sanfte Kunst der Kampfsportarten"

➢ Faires, kameradschaftliches Verhalten; es gibt keine Gegner, sondern Partner

➢ Gegenseitige Hilfeleistung beim Erlernen und in Problemsituationen

Inhalte der Stunden

1. Stunde
➢ Kleine Spiele in Form eines Randori zur Vorbereitung auf nachfolgende
Judotechniken
Kampf um den Ball, Fußtauziehen

2. Stunde
➢ Wiederholung aller Festhaltetechniken in Kampfform
I.   *Kesa-gatame*
II. *Kuzure-kesa-gatame*
III. *Shiho-gatame*
IV. *Kami-shiho-gatame*
V. *Yoko-shiho-gatame*
VI. *Tate-shiho-gatame*

3. Stunde
➢ Wiederholung aller Festhaltetechniken mit Befreiungsversuchen

4. Stunde
➢ Wiederholung aller Wurftechniken in Kampfform
I.   *O-soto-otoshi,*
II. *O-goshi,*
III. *De-ashi-barei,*
IV. *Seoi-otoshi,*
V. *Koshi-guruma,*
VI. *Harai-goshi*

5. Stunde
➢ Wiederholung aller Wurftechniken mit Ausweich- und Befreiungsversuchen

6. Stunde
➢ Übergang von Stand- zu Bodentechniken
I.   *Ko-uchi-gari,*

II. O-uchi-gari

7. Stunde
➢ Freies Üben
➢ Vorbereitung eines Wettkampfprogramms mit allen bisher erlernten Techniken

8./9. Stunde
➢ Wettkampfprogramm
- von der 7. Stunde festgelegte Techniken, die anzuwenden sind
- Aufbau wie Kyu-Prüfung, aber keine Demonstration der Technik, sondern Erschaffen einer Kampfsituation
1. alle Paare kämpfen gegeneinander ca. 5-10 min
2. Gewinner gegen Gewinner, Verlierer gegen Verlierer
3. …
4. ab der 9. Stunde mit ausscheiden und Verlierer müssen Wettkampf bewerten

10. Stunde
➢ Leistungskontrolle

4. Stoffverteilungsplan 11./12. Klasse

Lernziele 11./12. Klasse

Motorisch

- ➤ Verbesserte Kraftfähigkeiten
- ➤ Kinästhetische Differenzierungsfähigkeit
- ➤ Verbessertes Rhythmisierungsgefühl
- ➤ Verbesserte Antizipation
- ➤ Kopplungsfähigkeit
- ➤ Verbesserte Reaktionsfähigkeit bei Kampfbedingungen
- ➤ Körperkontrolle

Kognitiv

- ➤ Wurftechniken in Kampfsituationen variabel anwenden
- ➤ Erlernte Techniken benennen (Technikmerkmale und Fachbegriffe) und variabel in Wettkampfsituation einsetzen
- ➤ Wettkampfbestimmungen kennen und Tätigkeiten des Kampfgerichtes durchführen
- ➤ Taktische Grundsätze kennen
- ➤ Bewegungsvorstellung entwickeln
- ➤ Wurftechniken in verschiedenen Selbstverteidigungspositionen einsetzen
- ➤ Wissen aus Sporttheorie nachweisen
- ➤ Fehlererkennung bei Mitschülern

Sozial

- ➤ Verantwortungsbewusst Judo betreiben „Judo ist die sanfte Kunst der Kampfsportarten"
- ➤ Faires, kameradschaftliches Verhalten; es gibt keine Gegner, sondern Partner
- ➤ Gegenseitige Hilfeleistung und Fehlerkorrektur beim Erlernen der technischen Fertigkeiten und in Problemsituationen

Inhalte der Stunden

1. Stunde
➤ Staffelspiele mit bisher erlernten Techniken zur Eingwöhnung

2. Stunde
➤ Vertiefung der Fallschule
I. *Judorolle beidseitig*
II. *Fallschulschule rückwärts*
III. *Fallschule seitwärts rechts und links*

3. Stunde
➤ Vertiefung Grundlagen der Bodenarbeit und Festhaltetechniken
I. *Kesa-gatame*
II. *Kuzure-kesa-gatame*
III. *Shiho-gatame*
IV. *Kami-shiho-gatame*
V. *Yoko-shiho-gatame*
VI. *Tate-shiho-gatame*

4. Stunde
➤ Vertiefung Grundlagen der Standarbeit und Wurftechniken
I. *O-soto-otoshi,*
II. *O-goshi,*
III. *De-ashi-barei,*
IV. *Seoi-otoshi,*
V. *Koshi-guruma,*
VI. *Harai-goshi*

5. Stunde
➤ Vertiefung Übergang von Stand- zur Bodenarbeit

6. Stunde
➤ Einführung der Hebeltechniken

I.   *Kasa-garami*

II.   *Ude-garami*

III.   *Ude-hishigi-juji-gatame*

7. Stunde

➢ Einführung der Wurftechniken

    I.   *Tai-otoshi*

    II.   *O-soto-gari*

8. Stunde

➢ Festigung der neu gelernten Hebeltechniken und Wurftechniken

➢ Varianten von Festhaltegriffen und Haltegriffwechsel

9./10. Stunde

➢ Leistungskontrolle unter Wettkampfbedingungen mit Übernahme von Wettkampfrichtertätigkeit von Schülern

5. Stundentwurf

Klasse 9

Thema: Wiederholung der Fallschule mit methodischer Reihe

    I. Judorolle beidseitig

    II. Fallschulschule rückwärts

    III. Fallschule seitwärts rechts und links

Zeit 45 min

Lernziele

Motorisch

➤ Verbesserte Kraftfähigkeiten

➤ Kinästhetische Differenzierungsfähigkeit

➤ Verbessertes Rhythmisierungsgefühl

➤ Körperkontrolle

Kognitiv

➤ Erlernte Techniken benennen und erklären

➤ Bewegungsvorstellung entwickeln

Sozial

➤ Verantwortungsbewusst Judo betreiben „Judo ist die sanfte Kunst der Kampfsportarten"

➤ Faires, kameradschaftliches Verhalten; es gibt keine Gegner, sondern Partner

➤ Gegenseitige Hilfeleistung und Fehlerkorrektur beim Erlernen der technischen Fertigkeiten und in Problemsituationen

Stundenteil/Zeit	Inhalte der Stunde	Organisationsform

Erwärmung
10 min
	➢ 10 Runden einlaufen
	➢ Spielfeld eingrenzen: alle laufen durcheinander
	  - 1 Pfiff auf beiden Beinen hüpfen
	  - 2 Pfiffe auf einem Bein hüpfen
	  - 3 Pfiffe zwei Liegestütze
	➢ Mannschaftskampf um den Ball
	➢ Dehnübungen
		Im Kreis
		Im eingegrenzten
		Mattenbereich
		
		Im Kreis
		Im Kreis

Hauptteil
30 min
10 min
	➢ Bilden von 3 Gruppen, Aufstellung am
	Mattenrand
	➢ 1. Judorolle beidseitig
	Methodische Reihe
	  - beginnen mit Rolle vorwärts im Hocken
	  - Rolle vorwärts aus dem Stand
	  - Voranstellen eines Beines (einbeugen!),
	   hervorbringen der gleichseitigen Schulter,
	   Hände vor Oberkörper (auf Matte aufsetzen)
	   und langsame Rollbewegung über nach vorn
	   gebrachte Schulter
	  - Wiederholen und Festigen (Fehlerkorrektur
	   des Lehrers)
	  - Üben der anderen Seite
		In Bahnen
		
		In Bahnen

10 min	➢ 2. Fallschule rückwärts
	  - beginnen mit Rolle rückwärts aus Hocken
	  - Rolle rückwärts aus Stand
	  - Reinspringen in Rolle rückwärts ohne
	   Rollbewegung mit abklatschen beider Arme
	  - Zusammensetzen aller Teilbewegungen
	  - Wiederholen und Festigen (Lehrer macht
	   Fehlerkorrektur)
		In Bahnen

10 min	➢ 3. Fallschule seitwärts
	  - aus Hocke Fallen zur Seite, dabei das eine
	   Bein am anderen vorbeischieben und Arme
		In Reihe

	abklatschen	
	- Höhe aus der Hocke steigern	
	- Wiederholen und Festigen (Lehrer macht Fehlerkorrektur)	
	- Üben der anderen Seite	
	- Rhythmusgefühl mit Pfiffen erzeugen	
Schluss 5 min	➢ Entspannungsübungen	Auf matte verteilt

6. Wörterbuch über technische Fertigkeiten und Fachbegriffe

A

Age	nach oben, heben, anheben
Ago	Kinn
Arashi	Gewitter, Sturm (--> Yama arashi)
Ashi	Fuß bzw. Bein
Ashi-garami	Bein-Beugehebel
Ashi-gatame	Bein-Streckhebel
Ashi guruma	Beinrad
Ashi-uchi-mata	Innenschenkelwurf als Ashi-waza.
Ashi-waza	Fuß- / Beintechnik
Ate	Schlag, treffen
Awasete	Zusammengezählt ("waza-ari awasete ippon" : zusammengesetzer Sieg)
Ayumi-ashi	normales Gehen auf der Matte

B

Barai	fegen
Basami	Schere
Bu	Ritter
Budo	Oberbegriff der Kampfkünste in Japan
Bushido	Ehrenkodex der Samurai, Ritterlichkeit
Butsukari	gegenstoßen, permanenter Angriff

C

Chui	Bestrafung, entspricht Yuko (wird in der aktuelle IJF-Kampfregel nicht mehr angewendet)

D

Dan	Meistergrad
Daoshi	umstoßen, umwerfen
De	vorwärts, vorstellen, nach vorne kommen
De-ashi-barai	den nach vorne kommenden Fuß fegen
Do	der Weg
Dojime	Beinschere
Dojo	Ort zum Begreifen des Weges, Judohalle
Dachi	Stellung, Position

Daki	greifen, umarmen
Dan	Stufe, Meistergrad

E

Ebi	Krabbe, Krebs
Ebi-jime	Krebswürgen
Eri	Kragen
Eri-jime	Kragenwürgen

F

Fumi	treten, aufstampfen
Fusen-gachi	Sieg durch Nichtantreten des Gegners

G

Gaeshi	Gegenangriff
Gake	einhängen, haken
Garami	gebeugt, gedreht
Gari	sicheln
Gatame	unbeweglich machen, festhalten (--> katame)
Gatame-Waza	Grifftechniken
Geiko	Übung
Gi (Ki-)	Kurzform für Judoanzug
Giaku	umgekehrt
Gokyo	Lehrsystem des Kodokan
Gonosen	kontern
Goshi	Hüfte (auch: Koshi)
Goshin	Selbstverteidigung
Guruma	Rad
Gyaku	umgekehrt (z. B. gyakuu-gaeshi-jime, gyaku-juji-jime, gyaku-kataha-jime, gyaku-kesa-garami, gyaku-okuri-eri-jime)

H

Hadaka	frei, nackt
Hadaka-jime	freies Würgen, ohne Zuhilfenahme des Judo-Gi würgen
Hajime	Beginnt
Hane	Sprung, Feder
Hane-goshi	Springhüftwurf
Hane-maki-komi	Maki-komi-Technik, Springdrehwurf
Hansoku-	schwere Bestrafung (Disqualifikation)

make

Hantei	Kampfrichterentscheid
Happo-no-kuzushi	Gleichgewichtbrechen in 8 Richtungen
Hara	Körpermitte
Harai	fegen
Harai-goshi	Hüftfeger
Harai-tsuri-komi-ashi	das hintere Bein Fegen.
Harakiri	rituelle Selbsttötung eines Samurai
Hasami (-basami)	zwischenklemmen, Schere
Henka-Waza	veränderte Technik
Hidari	links
Hidari-shizen-tai	linke Grundstellung
Hikiwake	unentschieden
Hikkomi	in die Bodenlage ziehen
Hikkomi-gaeshi	erlaubter Übergang vom Stand in die Bodenlage
Hishigi	gestreckter Hebel
Hiza	Knie
Hiza-gatame	Mit dem Knie hebeln.
Hiza-guruma	Knierad
Hizi	Ellenbogen
Hon	Wurzel, Grundform
Hon-kesa-gatame	Grundhaltegriff der Kesa-gatame-Gruppe.
Hon-tai	normale, aufrechte Körperhaltung

I

Idori	sitzend bzw. im Knien auszuführende Technik)
Ippon	Punkt, höchste Wertung im Wettkampf
Ippon-seoi-nage	Punkt-Schulterwurf
Iri	einsteigen

J

Jigotai	Verteidigungshaltung (Beine mehr als Schulterbreit)
Jime	würgen (auch: shime)

Joseki	Lehrerplatz, oberer Sitz
Ju	nachgeben, sanft (auch: Jiu)
Judo	Der sanfte Weg
Judogi	Judoanzug
Judoka	Judokämpfer
Juji	Kreuz
Juji-gatame	Leistenstreckhebel
Juji-jime	Kreuzwürgen
Ju-jitsu	Technik der Sanftheit, klassisches Selbstverteidigungssystem
Jutsu	Kunst, Meisterschaft

K

Kachi	gewinnen, siegen (auch: Gachi)
Kaeshi	Gegenwurf
Kaeshi-Waza	Gegenwürfe (Kontertechniken)
Kagato	Hacken, Ferse
Kaisetsu	Kommentar, Lehrsystem
Kakari-geiko	spezieller Übungskampf gegen mehrere Gegner, laufend angreifen
Kake	Endphase eines Wurfes
Kami	oberhalb, obenauf
Kami-shiho-gatame	Oberer Vierpunkthaltegriff
Kamiza	Ehrenplatz, Sitz der Götter
Kannuki	Riegel
Kannuki-gatame	Riegelstreckhebel
Kansetsu	Gelenk
Kansetsu-Waza	Gruppe der Hebeltechniken
Kata	Schulter, (rituelle Übungs-)form
Kata-gatame	Schulterhaltegriff
Kata-guruma	Schulterrad
Kata-Ha	ein Flügel, Körperseite
Kata-ha-jime	Würgen unter Festlegen einer Schulter
Katame	unbeweglich machen, fixieren, kontrollieren
Katame-Waza	Grifftechnik
Kata-te-jime	vorwiegend mit einer Hand/Arm würgen
Kawaeshi	spezielle Form des Wurfeinganges(nach

	dem Japaner Kawaeshi)
Keikoku	zweithöchste Strafe, entsprach einem Wazaari für den anderen Kämpfer(gibt es nicht mehr im derzeit gültigen IJF-Regelwerk)
Kempo	System der Zweikampfsportarten
Ken-ken	springen, nachhüpfen
Kensui	sich anhängen
Kesa	Schärpe
Kesa-gatame	Schärpenhaltegriff
Khabarelli	umgekehrter Ashi-uchi-mata (nach dem Judoka Shota Khabarelli benannt)
Kiai	Kampfschrei
Kinsa	technischer Vorteil für einen Kämpfer, der bei Hantei-Entscheidungen zum Tragen kommt
Kiken-gachi	Sieg durch Krankheit / Aufgabe des Gegners
Ko	klein
Kodokan	Judoschule von Jigoro Kano
Koga-Seoi-nage	Schulterwurf, der von aussen eingedreht wird (benannt nach Toshihiko Koga)
Koka	Bewertung, kleiner technischer Vorteil
Komi	hineingehen, eindringen
Koshi	Hüfte
Koshi-guruma	Hüftrad
Koshi-jime	Hüftwürger
Koshiki	alt, der alte Stil
Koshi-uchi-mata	Innenschenkelwurf mit Hüfteinsatz (--> Ashi-uch-mata)
Koshi-Waza	Hüfttechniken
Ko-soto-gake	kleines äusseres Einhängen
Ko-soto-gari	kleine Aussensichel
Ko-uchi-barai	kleines Innenfegen
Ko-uchi-gari	kleine Innensichel
Ko-uchi-maki-komi	kleine Innensichel als Mitfalltechnik (maki-komi)
Kubi-nage	Hüfttechnik, bei der um den Nacken des Gegners gefasst wird, ohne die Jacke zu greifen

Kuatsu (Kwatsu)	Wiederbelebungstechnik
Kuchiki	einen morschen Baum fällen.
Kuchiki-daoshi	Beingreiftechnik
Kumi	nehmen, ergreifen
Kumi-kata	die Art, den Judogi zu fassen, Griffkampf
Kuzure	Abart, Variante
Kuzushi	Gleichgewicht brechen
Kyo	Gruppe, Lektion, Abschnitt
Kyu	Gruppe, Stufe, Schülergrad

L

Laats-Abtaucher	Variation des Kata-guruma (nach den Brüdern Philip und Johan Laats benannt)

M

Ma	gerade
Mae	vorwärts
Maitta	"Ich gebe auf"
Maki	einrollen, drehen
Maki-komi	hineindrehen und mitfallen
Makura	Kissen, Kopfkissen
Ma-sutemi-waza	Gruppe der geraden Opferwürfe
Mata	Schenkel
Mate	warten
Ma-ukemi	Fallschule vorwärts
Mawari	herumdrehen, Drehung
Mawashi	Gürtel (der Sumokämpfer)
Migi	rechts
Migi-shizen-tai	rechte Grundstellung
Mokuso	Judositz, Konzentration
Morote	beide Hände
Morote-gari	Beidhandsichel (auch: Ryo-ashi-dori)
Morote-seoi-nage	beidhändige Variante des Schulterwurfes
Mune	Brust, Oberkörper
Mune-gatame	seitlicher Oberkörperhaltegriff (Gruppe: Yoko-shiho-gatame)

N

Nage,	werfen, Wurf

Nageru
Nage-Waz	a Wurftechniken
Nami	normal, üblich, mittlere
Naname	geneigt, quer
Ne	Bodenlage
Ne-Waza	Bodenarbeit, Bodenkampf
Nidan	zweistufig

O

O	groß
Obi	Gürtel
O-goshi	Grosser Hüftwurf
Okuri	nachziehen
Okuri-ashi-barai	Beide Beine fegen
Okuri-eri-jime	unter Zuhilfenahme der beiden Kragen würgen
Osae	herunter, halten
Osae-komi	Haltegriff zählt
Osae-komi-waza	Haltegriffe
O-guruma	Grosses Rad
O-soto-gari	Grosse Aussensichel
O-soto-guruma	Grosses Aussenrad
O-soto-otoshi	Grosser Aussensturz
Othen	Umkippen
Othen-gatame	Rollbankhebel
Othen-jime	Rollbankwürgen
Otoshi	das Fallenlassen, Sturz
O-uchi-barai	Grosses Innenfegen
O-uchi-gari	Grosse Innensichel

P

Q

R

Ran	locker, ohne bestimmte Regeln
Randori	freies Üben, Übungskampf
Renraku	Finte
Renranku-	Kombinationen

waza	
Renshu	Übung
Rei	Verbeugung, Begrüßung
Ryo	beide, beide Seiten
Ryo-ashi-dori	Beidhandsichel (Morote-gari)
Ryo-te	zwei Hände
Ryo-te-jime	Parallelwürgen
Ryu	Stil, Richtung

S

Sabaki	drehen, ausweichen, verteidigen
Samurai	Kriegerkaste
San	an den Namen angehängte Anrede
Sankaku	Dreieck
Sankaku-jime	Dreieckswürger
Sankaku-gatame	Dreiecksstreckhebel
Sankaku-garami	Dreiecksbeugehebel
Sasae	stützen, halten, blockieren
Sasae-tsuri-komi-ashi	Hebezugfusshalten
Sensei	Lehrer, Meister
Seoi	Rücken, Schulter
Seoi-nage	Schulterwurf
Seoi-otoshi	Schultersturz
Shiai	Wettkampf
Shihan	sehr großer Meister, Vorbild
Shido	Bestrafung, entspricht beim ersten Mal Koka, beim zweiten Mal Yuko, beim dritten Mal Waza-ari, danach erfolgt Hansuko-make
Shiho	vier Seiten, vier Richtungen
Shiho - Gatame	Gruppe von Haltegriffen
Shimeru	würgen
Shime-waza	Gruppe der Würgetechniken
Shimoseki	unterer Sitz, Schülersitz
Shintai	Körperbewegungen, Taktik des Angriffs
Shisei	Körperhaltung
Shita	unten, abwärts
Shizentai	natürliche Grundstellung

Shomen	frontal, Vorderseite
Sogo Gachi	Sieg durch zwei halbe Punkte
Sono-mama	liegen bleiben, nicht bewegen
Sore-made	Ende des Kampfes ("das ist alles")
Soto	außen, neben dem Körper
Soto-maki-komi	Aussendrehwurf
Sukui	Schaufel
Sukui-nage	Schaufelwurf
Sumi	Ecke, Winkel, Kniekehle
Sumi-gaeshi	Eckenwurf
Sumi-otoshi	Eckenkippe
Sumo	japanischer Ringkampf
Sutemi	sich in Gefahr begeben
Sutemi-Waza	Selbstfalltechniken, Opferwürfe

T

Tachi-Waza	Standtechniken
Tai	Körper
Tai-otoshi	Körpersturz
Tai-sabaki	Körperdrehungen
Tanden	Verteidigung durch Vorschieben der Hüfte
Tandoku-Renshu	Üben ohne Partner
Tani	Tal
Tani-otoshi	Talfallzug
Tatami	Judomatte, Reisstrohmatte
Tate	aufrecht, gerade, obendrauf
Tate-shiho-gatame	Reitvierer
Tawara	Reisstrohballen
Te	Hand
Te-guruma	Handrad
Te-Waza	Handwürfe
Toketa	Kampfrichterkommando: Haltegriff ist gelöst
Tokui-Waza	die Lieblingstechnik eines Kämpfers
Tomoe	Bogen, gebogener Winkel
Tomoe-nage	Kopfwurf
Tori	Angreifer, Ausführender
Tsubame-gaeshi	Schwalbenwurf

Tsugi-Ashi	Nachstellschritt, bei dem der zweite Fuß bis auf Höhe des ersten Fußes nachgezogen wird, ihn aber nie überholt
Tsuki	Schlag
Tsukuri	Wurfansatz, Vorbereitung zum Wurf
Tsuri	auffangen
Tsuri-Ashi	Schleifendes Gehen: Die Fußsohle verliert beim Gehen nie den Kontakt zur Matte, um möglichst schnell einen sicheren Stand wiedererlangen zu können
Tsuri-goshi	Hüftzug
Tsuri-komi-goshi	Hebezug-Hüftwurf

U

Uchi	innen
Uchi-komi	Wurfeindrehübung mit mehrfacher Wiederholung in Absprache mit dem Partner
Uchi-mata	Innenschenkelwurf
Ude	Arm
Ude-garami	Armbeugehebel
Ude-gatame	Armdrehstreckhebel
Uke	der zu Werfende
Ukemi	Fallübungen
Uki	schweben, flattern
Uki-gatame	Schwebehaltegriff
Uki-waza	Rückfallzug
Ura	Rückseite, entgegenstellen
Ura-gatame	rückwärtiger Haltegriff, der im Wettkampf nicht gewertet wird
Ura-nage	Rückwurf
Ushiro	nach hinten
Ushiro-goshi	Hüftgegenwurf
Ushiro-kesa-gatame	umgekehrter Kesa-gatame (auch: Gyaku-kesa-gatame)
Ushiro-ukemi	Fallübung rückwärts
Utsuri-goshi	Wechselhüftwurf

V

W

Wakare	trennen, reißen

Waki	Körperseite
Waki-gatame	mit der Körpereite hebeln
Waza	Techniken
Waza-ari	zweithöchste Bewertung im Wettkampf, ein halber Punkt
Waza-ari awasete ippon	zusamengesetzter Sieg (2 waza-ari ergeben einen Ippon)

X

Y

Yakosoku-Geiko	Werden nach Vereinbahrung
Yama	Berg
Yama-arashi	Bergsturm-Wurf (Technik außerhalb der Gokyo)
Yoko	Seite, seitlich
Yoko-gake	seitliches Einhängen
Yoko-guruma	Seitenrad
Yoko-otoshi	Seitensturz
Yoko-shiho-gatame	Seitlicher Vierpunkthaltegriff
Yoko-sumi-gaeshi	Seitliche Eckenkippe
Yoko-sutemi-waza	Selbstfalltechnik auf die Seite
Yoko-tomoe-nage	seitlicher Kopfwurf
Yoko-ukemi	Fallübung seitwärts
Yoshi	weiterkämpfen, nach Sono-mama
Yuko	Bewertung, technischer Vorteil (dritthöchste Bewertung im Wettkampf)
Yusei-gachi	Arbeitssieg (nach Hantei)

Z

Za	Platz, Sitz
Za-Rei	formale Verbeugung im Knien
Za-zen	Stillsitzen in Zen, Konzentrationssitz
Zen	konzentrieren
Zenpo-ukemi	kontrollierter Fall frontal nach vorn
Zori	Sandalen, Judo-Latschen

7. Literatur

Bonfranchi, Riccardo & Klocke, Ulrich. Wir machen Judo. Verlag Dieter Born. Bonn 1999

Klocke, Ulrich. Judo lernen. 7. Auflage. Verlag Dieter Born. Bonn 1998

Rahmenrichtlinien Sachsen-Anhalt

www.judotechniken.de (24.11.2006)

BEI GRIN MACHT SICH IHR WISSEN BEZAHLT

- Wir veröffentlichen Ihre Hausarbeit,
  Bachelor- und Masterarbeit

- Ihr eigenes eBook und Buch -
  weltweit in allen wichtigen Shops

- Verdienen Sie an jedem Verkauf

Jetzt bei www.GRIN.com hochladen und kostenlos publizieren